Lk 1757.

LETTRE

D'un Habitué de Noſtre-Dame à un de ſes amis, pour ſervir de réponſe à la Lettre d'un Eccleſiaſtique de Chaalons à un Docteur de Paris.

MONSIEUR,

Je vous envoie la Lettre de l'Eccleſiaſtique à un Docteur de Paris ſur l'enlevement de noſtre Relique ; je me ſuis engagé à vous la faire voir ; je m'acquite de ma parole avec plaiſir, mais je ne me rends qu'avec peine à la priere que vous me faites de vous en dire mon ſentiment ; je voudrois bien imiter la modeſtie qui vous fait tant d'honneur, & qui vous empeſche quelquefois de vous expliquer ſur les choſes que vous ſçavés le mieux. Si j'oſe vous ouvrir ma penſée, & qu'elle devienne publique, on dira de l'Autheur de la Lettre & de moy que nous aurions mieux fait de nous en tenir au ſilence, & l'on aura raiſon. C'eſt à vous, à qui j'écris en ſecret, à me ſauver du jugement du public. Prenés donc pour vous ſeul ce que j'ai l'honneur de vous écrire. L'Autheur de la Lettre n'eſt pas connu ; & il gagne beaucoup à ne le pas eſtre. car le peu de merite de ſon ouvrage feroit tort à celui de ſa perſonne ; il a peut-eſtre voulu ſe cacher, & par une affectation fondée en raiſon, il a refuſé à ſon ſtile

A

les graces ordinaires & naturelles ; Quelques personnes qui croient le connoistre, le disent homme
d'esprit & d'erudition. Sa Lettre n'est que medio-
crement bien écrite; vous en jugerés, si vous n'avés
pas pour elle le mesme goust que pour les autres ou-
vrages, plaignés-le d'avoir eu à deffendre une cause
si décriée ; sa situation qui l'engage à prendre un
parti si peu soustenable, l'a fait donner par une
suite necessaire dans tous les écarts d'un écrivain par-
tial & interessé ; Il y a du faux dans le recit des
faits, dans les raisonnemens, & dans les plaisanteries dont il tasche d'égaier son stile. J'ai fait là-
dessus mes reflexions ; je souhaite que vous les trou-
viés justes. Comptés que je reviendrai toûjours à
vostre avis. Vous verrés en deux petits articles le
faux qui se trouve, premierement dans le recit des
faits, & en second lieu celui qui se trouve dans
les raisonnemens.

La premiere fausseté, dont il sera bien aisé de
convaincre l'Autheur de la Lettre, se trouve dans
le recit de ce qui se passa dans la Visite de l'Eglise
de Nostre-Dame, il dit (je rapporterai toûjours le
texte de sa Lettre.)

La multitude des affaires qui se presenterent, ne
permirent pas à Monsieur l'Evesque de les termi-
ner toutes.

L'Autheur veut insinuer par là que Monsieur l'E-
vesque n'eut pas le temps dans le jour de sa Visite de l'Eglise, de faire celle de la Relique du S.
Nombril : C'est ce qui paroistra faux à toutes les
personnes qui ont eu l'honneur d'accompagner Mr.
l'Evesque, & qui ont peû le suivre dans tous les
mouvemens qu'il se donna pour rendre sa Visite plus

utile ; Aprés avoir rempli d'une maniere edifiante
les fonctions les plus essentielles de son ministere , il
fit le matin & le soir le tour de toute l'Eglise, il se
promena tres-long-temps dans le cimetiere, il exa-
mina les grandes & les petites portes, il voulut bien
mesme aller voir de certains arbres coupés depuis
peu par quelques particuliers. N'est ce pas en verité,
Monsieur , mal juger de Mr. l'Evesque, de croire
qu'il aura donné tant d'attention à toutes ces petites
choses, & qu'il aura oublié l'idole & l'idolatrie pré-
tenduë de toute une Paroisse, & si vous voulés, de
toute une Ville ? Quelle idée l'Autheur veut-il que
l'on se fasse d'un grand Prelat, qui ordonne toûjours
avec tant de sagesse & ses desseins & ses actions ?
qu'en pensés-vous, Monsieur ? Ce scandale odieux
de la pure Religion, n'estoit il pas le premier ennemi
qui devoit se presenter à combattre, ou pour parler
sans figure, n'estoit il pas le premier desordre qu'il
falloit reformer ? Mais on sçait pourquoy Monsieur
l'Evesque suspendit la visite de cette sainte Relique.
Ce Prelat plus habile dans ses entreprises & plus
adroit à les conduire que l'on ne pense, ne voulut rien mettre en compromis sur les affaires impor-
tantes de la Paroisse dans la Paroisse mesme; il avoit
des desseins à faire réüssir, qui auroient trouvé des
obstacles dans l'assemblée de tout un peuple, il crut
qu'il estoit à propos de se ménager un petit nombre
de personnes choisies avec lesquelles il pourroit trai-
ter à souhait, & qu'il pourroit aisément amener
à ses fins : il y en avoit déja de nommées à cet
effet , qui allant au devant de ses intentions,
luy tendoient les bras ; Il assigna donc des assem-
blées dans son Palais Episcopal pour le reglement

des affaires qui lui tenoient le plus à cœur, & il
voulut les finir par la visite de la Relique. Voilà ce
qui l'empescha de l'examiner le jour mesme de sa
Visite dans l'Eglise ; en voilà le dessein concerté
découvert : & l'Autheur peut au plus par le tour
de sa phrase, faire illusion aux simples de son par-
ty, quand il dit que la multitude des affaires empescha Monsieur l'Evesque de les terminer toutes ;
car il lui estoit tres aisé & mesme il devoit avant
toutes choses terminer celle-ci.

II. faus-seté.

Il sçavoit (en parlant de Monsieur l'Evesque)
que les uns l'adoroient, que les autres n'y avoient
aucune foi, que d'autres enfin en parloient d'une ma-
niere peu édifiante.

Il n'est pas vrai que l'on ait jamais osé parler ici d'une
maniere peu édifiante de nostre Relique vénérable ; il
est vrai, & je l'avoüe, j'ai connu quelques personnes
qui doutoient de sa verité ; mais si elles estoient in-
credules, elles estoient sages & discrettes ; je ne sçai
qu'un Prestre qui en ait parlé mal ; cet estourdi, si ennemi de la vraie gloire, & si avide du faux honneur,
croioit par là se mettre au rang des Thiers, des Lau-
nois, des Mabillons : c'est un air de vanité fort affecté par de certains esprits qui n'ont pas assés de
talent pour se faire valoir en suivant les routes ordinaires ; mais il faut bien distinguer les Critiques formés par un sçavant travail, des Critiques formés par
un sot orgueil : pardonnés moi, Monsieur, une digres-
sion dans laquelle peut-estre je m'égare. Je rentre dans
mon sujet, si l'Autheur prétend parler de ce Prestre te-
meraire, c'estoit peu de dire qu'il avoit parlé d'une
maniere peu édifiante : il falloit dire qu'il avoit parlé
d'une maniere scandaleuse ; mais l'Autheur le con-

noit assés pour ne pas appuier beaucoup sur son sen-
timent; je crois qu'il est fort persuadé qu'on ne peut
prendre que de fausses idées, & qu'on ne peut faire
que de fausses démarches en se rendant aux insinua-
tions d'un homme dont l'esprit est en mesme temps
& si peu instruit & si peu reglé. J'ajouste à cet article, que la veneration que l'on a pour ce reste sacré
de l'Humanité de Jesus-Christ, n'est point l'effet d'u-
ne devotion aveugle qui seduit & amuse un peuple
grossier; cette veneration luy est renduë depuis plus
de quatre cens ans par des Prestres eclairés, par des
Magistrats d'une capacité reconnuë : & ils protestent
qu'ils sacrifieront leurs biens & leurs vies pour en
obtenir la restitution.

Ces considerations porterent nostre Prelat à dire à III.
Messieurs les Chanoines de Notre-Dame & aux Pa- faus-
roissiens assemblés dans son Palais, qu'il estoit resolu seté.
de faire la Visite de la Relique.

L'Autheur qui entre dans un grand détail du fait,
passe neanmoins une circonstance qui fait tout pour
la justification de Messieurs les Chanoines qu'il veut
accuser de peu de fermeté; il tait cette circonstance
par malice : mais si elle est petite, elle sera encore plus
malheureuse; on connoit assés les desseins que l'on
forme contre l'établissement & contre les droits de
Messieurs les Chanoines de N. D. on voudroit tour-
ner contr'eux l'indignation publique, afin que tout
conspirast à leur perte, & que rien ne manquast au
mal qu'on leur prépare. Mais la Paroisse qui les
honore & qui les soustient, leur rend sur l'article
dont il s'agit la justice qui leur est duë; voici de
quoi l'appuier. Monsieur l'Evesque ne se fut pas plu-
stost expliqué sur la resolution qu'il venoit de pren-

dre, que Mr. Thevenin Chanoine prit la liberté de lui faire de tres-humbles remonstrances sur les consequences de l'action qu'il alloit entreprendre ; il essaya de luy faire comprendre que l'heure induë, l'absence d'un Marguiller, l'ardeur du peuple qui pourroit en estre instruit & s'en allarmer, que la bonne foi des Fideles, la conduite de ses Predecesseurs, qui par prudence s'estoient abstenus de faire cette visite, estoient des motifs qui meritoient son attention. Enfin il le supplia de la maniere du monde la plus pressante & la plus respectueuse de differer au moins pour quelque temps. J'atteste la conscience de tous ceux qui le peurent entendre, & qui le laisserent parler seul, & je les prie de déposer juste sur cet article J'ose m'asseurer que Mr. l'Evesque lui-mesme avoüe en secret ce que j'avance, puisque pressé par Mr Thevenin, il répondit qu'il estoit le maistre, & qu'il faisoit son affaire de tout ce qui pourroit arriver.

IV.
fauss-
seté.
Jour pris, Monsieur l'Evesque en rochet & camail se transporte à Nostre-Dame avec presque tous les Chanoines de cette Eglise, & le peuple qui l'y voulut suivre.

L'Autheur fait ici aller les faussetés de pair avec ses lignes, car les trois lignes de son feüillet renferment trois insignes faussetés.

Jour pris ; Ne semble-t'il pas que Monsieur l'Evesque ait designé un jour pour faire la Visite ? Vous le croiés, Monsieur, il est naturel de le penser ; l'expression y conduit, & la bonne procedure le demandoit : mais ce n'est point cela, c'est le moment present que Monsieur l'Evesque saisit pour faire sa Visite, il prend sa resolution à sept heures du soir, & part.

Avec presque tous les Chanoines.　　　　　　　　V.

Il n'y en avoit que deux, qui estant obligés d'accompagner Monsieur l'Evesque, ne peûrent faire avertir leurs Confreres que fort tard.　*saus-*
seté.

Et le peuple qui voulut l'y suivre.

On avoit pris toutes les mesures imaginables pour derober l'entreprise à la connoissance du peuple : & afin de l'empescher d'entrer, Mr l'Evesque avoit ordonné qu'on fermast les portes; toutes ces choses, Monsieur, sont des faits si connus, qu'il faut avoir devoüé son cœur & sa plume au mensonge pour écrire contre; je rends justice à l'Autheur, il peut les avoir ignoré, & là dessus il a suivi toutes les impressions qu'on a voulu lui donner; sa reputation demande qu'on use d'indulgence à son égard : car voici le dernier effort de la malignité la plus basse & la plus outrée; il a voulu du mesme coup faire tomber une Relique digne de ses respects, & blesser à mort l'honneur de Messieurs les Chanoines de N. D. associés avec lui au Ministere sacré; je ne sçai s'il a presumé avoir assés de force & d'adresse pour pousser à son but ce trait dangereux : mais que peut un foible artifice contre la verité ? & peut-on combattre contre elle sans se blesser de ses armes. (voici ce qu'il dit.)

VI.
saus-
seté.

Je ne vous dirai pas si depuis la translation que fit VII.
Charles de Poitiers du pretendu St. Nombril on n'a saus-
pas touché au Reliquaire, & si la curiosité n'y a fait seté.
porter ni les yeux ni les mains.

C'est accuser en mesme temps les Chanoines & les Paroissiens, puisqu'ils ne sçauroient visiter la Relique, sans le secours mutuel des clefs qu'ils ont de part & d'autre, & qui sont au nombre de neuf : c'est les donner au peuple pour des Imposteurs qui concer-

tent enfemble la fourbe & l'impieté : car quel pourroit eftre le deffein de ces hommes qui oferoient
porter leurs mains fur une Relique la plus digne
qui foit au monde d'une profonde veneration, fi
ce n'eft celuy de reparer la matiere, ou d'en fuppo-
fer une autre, en cas que la premiere ait efté confumée
par le temps ? & c'eft fans beaucoup d'art & fans fcru-
pule, ce que l'Autheur veut faire entendre. Il
n'y a que lui fans doute capable de former une
accufation fi noire & fi injurieufe, & je voudrois
pouvoir le difculper, en difant qu'il n'a écrit que ce
qu'on luy a fait écrire : mais qui faut-il que j'imagine qui lui ait donné cet ordre, ou qui lui ait in-
fpiré ce deffein ? Peut on croire que des Preftres fe
joüent ainfi de la reputation de leurs freres, & la
donnent en proie à des efprits libertins qui ne cherchent qu'à la dechirer : vous avoüerés fans doute,
Monfieur, qu'il y a bien du poifon quoi que mal pre-
paré dans ce tour artificieux ; ne reconnoiffes-vous
pas plus que jamais qu'un Autheur mal intentionné
a befoin d'un art bien delicat pour cacher fon mauvais deffein à de bons yeux qui le cherchent, & qui
ont intereft de le découvrir ; un écrivain de ce cara-
ctere fçait-il à quoi il s'expofe ? peut-il ignorer que
pour peu qu'il laiffe fentir un fi mauvais cœur, il ne
peut éviter de fe rendre haïffable aux gens d'honneur, & qu'il devient en mefme temps indigne de
toute créance.

VIII.
fauf-
feté.
    Il vit trois morceaux de tafetas rouge ufés & per-
cés, enveloppés les uns dans les autres, dans lef-
quels il ne trouva que trois petits morceaux de
pierre.

    Pour quoi l'Autheur dit-il que l'on n'a trouvé que

des morceaux de pierre? Sçait il combien ce menſonge affecté le deshonore On a trouvé dans le Reliquaire des petits morceaux d'une matiere durcie, environnée de pouſſiere, il y en avoit de la douce & de la graveleuſe ; Le Sieur Chevre cité par l'Autheur, affirmera ce fait de la maniere que je l'expoſe. Quoi que ces petits morceaux de matiere ayent eſté maniés, frottés, & mis ſous la dent par preſque tous les Officiers de la Juſtice de Monſieur l'Eveſque, & par un grand nombre de prétendus ſçavans ou connoiſſeurs, il ne s'eſt encore trouvé perſonne qui ait déterminé l'eſpece de cette matiere. Il y a des perſonnes diſtinguées par leur merite & par leur dignité, il y a des Preſtres de beaucoup de pieté & de ſçavoir qui ont apperçû des pellicules ſur ces petites parties; ils ont voulu les faire remarquer à Monſieur l'Eveſque, & ils dépoſeront le fait lors qu'ils en ſeront requis.

Meſme les Chanoines furent deſabuſés, & ſouf- IX.
frirent ſans oppoſition que Monſieur l'Eveſque em- fauſ-
portaſt ce gravier dans une boëte d'argent, ſeté.

Les Chanoines ne furent point deſabuſés, puis qu'ils ſouſtiennent n'avoir jamais été abuſés ; Ils apperçûrent ces parties, éclairés ſeulement par une petite bougie allumée, qui ne preſtoit pas aſſés de lumiere pour diſtinguer nettement les objets. Monſieur l'Eveſque prevenu contre la Relique, prétendit que ces morceaux eſtoient de pierre. Mais l'Autheur eſt bien ſimple, s'il s'imagine que les Chanoines de Noſtre-Dame ſont aſſés bonnes gens pour croire qu'une choſe eſt pierre, parce que Monſieur l'Eveſque leur dit de le croire ; Ces Meſſieurs laiſſent à l'Autheur l'heureuſe facilité qu'il a de recevoir pour vrai tout ce que ce Prelat lui propose pour tel ; s'il trouve son avantage à voir par les yeux d'un grand Seigneur, & à former ses jugemens sur les idées qu'il lui fait prendre, il doit joüir en paix d'une distinction si glorieuse. Messieurs les Chanoines veulent bien se reduire au sort du commun, à voir & à juger par eux-mesmes. Quand on leur fera voir & par leur propre experience, & par le témoignage d'habiles experts que ces petits morceaux environnés encore de pellicules, sont des morceaux de pierre, ils le croiront. La justice & la raison demandent qu'on se serve de ces moyens pour les desabuser, s'il est vrai qu'ils aient esté abusés.

Les Chanoines, il est vrai, ne firent point d'opposition, mais ils avoient fait de tres pressantes remonstrances, & ils n'avoient trouvé personne pour les soustenir, ils virent cinq notables se couber sous le joug, & flechir avec une docilité imbecile sous les volontés de Monsieur l'Evêque. Falloit-il donc que ces Prêtres fussent les seuls à combattre s'ils eussent esté assés temeraires pour l'entreprendre, ne donnoient-ils pas à Monsieur l'Evesque le prétexte le plus specieux pour les opprimer? Car cette opposition de leur part à laquelle un grand Prélat auroit resisté, & qu'il auroit voulu forcer avec éclat, auroit esté suivie de tous les accidens fâcheux que vous pouvés imaginer ; & c'estoit là le dernier coup de leur perte.

Mais quoi, disent certains patelins, vous les connoissés, Monsieur, ces hommes cauteleux, ces minois composés, qui ont toûjours la fourbe dans le cœur, & le masque sur le visage, il n'y avoit qu'un mot à dire à Monseigneur, & la Relique lui seroit

tombée des mains. Mais quoi, ce Prélat que ses parti-
sans disent estre d'un courage invincible dans l'exercice
de ses fonctions, & qui en effet est tres ferme, se seroit-
il rendu au premier effort de ses adversaires avec la facilité d'un enfant ? Le connoissent-ils bien, Monsieur,
ce Prélat, ou le connoissons-nous dans les differens jugemens que nous en faisons ? Si les Chanoines se fussent opposés, ces mesmes patelins auroient esté les pre-
miers à s'elever contr'eux : quoi donc, auroient ils
crié, un saint Prélat, inspiré par sa pieté, soustenu par
son zele, s'expose à tout pour abbatre la superstition
qui seduit son peuple, & il trouve en son chemin des
Prestres idolâtres, des faux Prophetes qui lui arra-
chent l'idole des mains, & qui confirment tout Is-
raël dans le culte impie & scandaleux qu'on lui rend.
C'est ainsi, Monsieur, que ces hommes à double esprit, toujours differens d'eux mesmes, c'est ainsi qu'au
gré des evenemens & des interests de leur maistre, ils
condamnent ce qu'ils auroient approuvé, & approu-
vent ce qu'ils auroient condamné.

Ce qu'on vous a peû dire d'une emente populaire X.
est une supposition. fans-

Toute la Ville peut dementir la hardiesse de cette seté.
palliation. Le Vendredi saint l'Eglise de N. D. fut sur
le soir environnée de toutes parts du peuple qui accou-
roit en foule : je vis, car je m'y trouvai par hazard,
plus de huit cent personnes dans un seul endroit,
animées d'une resolution à tout faire craindre ; j'oüis
des choses qui me firent frémir ; j'en avertîs quelques Magistrats en crédit, qui pour calmer ce peuple lui firent esperer la restitution de la Relique pour
laquelle il protestoit vouloir s'exposer à la mort ; &

c'est cette promesse qui le tient encore aujourd'hui dans le devoir.

Auriés-vous cru, Monsieur, que dans un ouvrage de deux feüilles on eût peû entasser un aussi grand nombre de fausseté & de déguisemens affectés? Mr. l'Evesque avoit-il besoin de tout cet amas de mensonges pour rectifier sa procedure? Je doute fort qu'il les authorise. Mais quoi! me dirés-vous, le bruit s'est déja répandu qu'il y a des faussetés dans ses Procez verbaux. Je voudrois, Monsieur, & je le proteste avec toute la sincerité dont je suis capable, je voudrois ou m'estre trompé, ou pouvoir vous déguiser mes sentimens; le timide respect que j'ai toujours conservé pour la personne de ce grand Prelat, m'a reduit dans toutes les occasions à la soumission la plus entiere; mais la cause dans laquelle je me trouve engagé de bonne foi, force la retenuë que l'on sçait m'estre naturelle, & j'ôse vous avoüer que le Procez-verbal que Monsieur l'Evesque n'a fait que dans le dessein de supprimer nostre sainte Relique, renferme des faussetés qui sautent aux yeux. Tout le monde s'en apperçoit, & s'en étonne: si vous voulés vous en convaincre par vous mesme, suivés s'il vous plaist, l'ordre dans lequel les Procez verbaux sont rapportés, & vous verrés qu'il est dit sur la fin du Procez verbal de la visite de la Relique: *Nous avons fait dresser le present Procez verbal par nostre Secretaire, & l'avons signé avec les susnommés les jour & an que dessus.*

Il est faux que le Procez verbal ait esté dressé le jour mesme de la visite, ou le Secretaire l'a fait de nuit; il n'a paru que trois jours aprés la visite.

Il est encore plus faux qu'il ait esté signé le jour mesme ; j'atteste là dessus la Religion de ces Messieurs qui l'ont signé, & je leur demande s'il n'est pas vrai qu'ils ne l'ont signé que le Vendredi saint 22. du mois d'Avril ; or il est constant que la visite avoit esté faite le Mardi 19. du mesme mois, trois jours auparavant. Ces Messieurs n'ont-ils pas à rougir de voir leurs noms exposés au public & emploiés à soustenir le mensonge ?

La lecture & la signature du Procez verbal sont rapportées par l'Autheur avant la visite que Mr. l'Evesque rendit à Mr. de Haroüys : ce fait est malicieusement supposé. On dira que la chose a deû estre mise dans cet ordre ; je réponds qu'elle auroit deû y estre mise, mais que n'y aiant point esté faite, elle n'a point deû y estre rapportée ; l'ordre n'est confondu que pour en imposer.

On datte la signature de Monsieur de Haroüys du soir mesme que Monsieur l'Evesque lui fit sa visite; il est bien certain qu'il n'y avoit point encore alors de Procez verbal de dressé. On ne court point de risque de s'en tenir là-dessus à la foi de Monsieur de Haroüys.

Il est bon de vous faire remarquer que le Procez verbal n'a point esté fait sur les lieux, que les Parties interessées n'ont point esté appellées : ce sont des nullités ; Mais je ne me suis point engagé de relever toutes les fautes de la procedure. Il est temps de soulager vostre ennuy & de finir ma Lettu je vous envoierai au premier jour mes reflexions sur les faux raisonnemens & sur les fades plaisanteries de l'Autheur qui peuvent estre dangereuses

À la Religion : Comme on n'a point encore enta-
mez le Droit, je ne vous en dis rien. Je suis,

MONSIEUR,

A Chaalons ce
26. May 1707.

VOstre tres humble & tres-
obeïssant serviteur, ***